아침의 향기

아침의 향기

심헌수 두 번째 시집

육일문화사

 시인의 말

켜켜이 쌓아두었던
시간을 만나 원고 속을 메우고
희미한 흔적을 다듬어
글로 빚었다

두 번째 시집 『아침의 향기』에
차곡차곡 담아
세상 밖으로 보내려 하니
생각이 분주해져
두렵기도 하지만
시평은 독자의 몫으로 남겨두기로 했다

심헌수

차례

제1부

물들어가는 구월	13
세월인가 보오	14
월색月色만 중천에 남아있구나	15
타는 듯한 향기	16
스쳐가는 시간	17
신의 축복이다	18
가을바람에 옷깃을 여민다	19
유월의 향기	20
뒤돌아보는 풍경	21
하얀 햇살에	22
그 모습이 보고 싶다	23
가을이 향기롭다	24
비 오는 아침	25
사랑이 꽃피는 달이다	26
희망이 꽃피는 봄	27
조금씩 잊혀 가는 골목길	28
목련은 벌써	29
당신도 꽃이라네	30
그곳으로	31
그 시절을 보면서	32
추억 찾아가는 길	33
사랑님도 꽃처럼 웃는다	34
가을 풍경	35
겨울과 나누는 대화	36

제2부

통도사 108로	39
부처의 미소가 봄꽃이네	40
문경 봉암사 가는 길	42
인생은 바람인가	44
노스님 허리춤에 걸려있는 노을빛	45
서운암 그곳에 가면	46
어떻게 금정산 기슭 여기에 왔소	47
금강계단에 피는 꽃	48
칠불사의 가을	49
붓다에게 길을 묻는다	50
가을비 속에	51
바라보니 내 것이 없네	52
약속	54
꽃이 핀다	55
산을 걸어가면서	56
반월 다리 건너는 마음	57
꽃구름 타고 가는 세월	58
어머니	59
마음도 외출을 한다	60
가을 풍경에 빠지다	61

제3부

모자의 세월	65
축담 밑에 핀 꽃	66
또래는 어디로 갔을까	67
선택	68
칠월의 향기	69
뜨거운 여름밤	70
꽃바람 불어오는 날	71
뒤돌아본 세월	72
그것이 현실이다	73
세월	74
벌써	75
엄마의 남새밭 반찬가게	76
달과 잎	77
꽃 피운다	78
세월은	79
텅 빈 마음	80
강변을 거닐다	81
별별 수다 소리	82
계절 속에서	83
호박꽃	84
색동 바람 불어오니	85
이어지는 꽃말	86
마음에 꽃씨를 심고	87

제4부

오월의 바람 소리	91
잎은 푸르다 해도	92
당신은 누구요	93
푸른 언덕	94
해 질 무렵	95
푸른 오월	96
봄날에 보면	97
마음의 고향	98
호박소에서	99
사랑의 향기	100
저게 누구일까	101
새벽 달빛을 보면서	102
가을아 놀자	104
봄 오는 소리	105
입춘 엽서	106
계절 길목	107
바람 따라 가니	108
발만 동동 구르고 가고 있다	109
칠월이다	110
나밖에 없어	112
지금은	113
바람에 피는 봄	114
솜이 꿈	115
가을 길	116
봄 그리고	117

1부

물들어가는 구월

가을은 아직 멀리 있는 듯한데
촘촘히 박힌 해바라기 씨앗
골목길 담장 위에
땡감 익어 주황색 물이 들고
산들바람 타고 한들한들 춤추는
연분홍 코스모스
푸른 하늘 흰 구름 아래 윙윙거리는
술래 된 고추잠자리
앞산 마루 바라보니
지난여름 잎사귀 사이로
살랑 불어왔던 바람에
군데군데 물들어가는
이 가을 산 녘 풍경은
저렇게 곱게 변해가는데
바라보는 구월을
고이 접어야 하는
이 마음 어찌할꼬
가을이 내어주는 넉넉함에
살며시 기대어본다

세월인가 보오

벗님네야
우리 여기서 만났으니
백만 평 이 땅 위에 꽃자리 깔고
향기 좋은 국화차 한잔 놓고
잠시 쉬었다 가면 어떻겠소
가슴 깊숙이 넣어둔 지난 사연
그 이야기보따리 풀어놓고
이런 저런 얘기하면서
우리 그렇게 웃고 놀다 가면 좋겠소

벗님네야
오늘은 바람이 말을 걸어왔네
해는 아직 중천에 있으니
천천히 재미나게 놀다 가라 하더니만
뉘엿뉘엿 저무는 노을빛이 웬 말인가 싶소
훤한 대낮에 초승달 바라보니
계절은 추분을 지나가고
불러도 불러도 아무런 대답도 없이
메아리만 되돌아와 안타까울 뿐이오

월색月色만 중천에 남아있구나

새벽 달빛 따라
거니는 뜰에
귀뚜라미 울음소리가
고즈넉한 밤을 깨운다
담고 온 생각 펼쳐보니
만감이 교차하고
월색月色도
이런 내가 안쓰러워
구름 살짝 당겨주니

인생 봇짐 벗어놓고
달빛에 지난 시간 훑어보니
아무도 보이지가 않아
그 모습 찾으려 두리번거리니
달빛만 중천에 홀로 남아있구나

타는 듯한 향기

해거름 길 걸어가는
붉은 황혼이 아름답다
현란한 빛에 취해
바람에 등 떠밀려 왔던 길
눈부신 한낮 풍경에 취해
초점 잃은 눈동자
다 잊고 가는 세월

꽃피는 봄도 보고
뜨거운 여름엔 훨훨 벗어도 보고
지는 가을에는 옷깃을 세우면서
아름답게 느낄 수 있는 것은
아직도 타는 듯한 향기가 남아 있기에
노을빛이 아름다운 지금
저 노을을 품는다

스쳐가는 시간

가을이 오니
생각이 고요함에 젖어
이 삶에서 피운 추억 떨어질까
가는 시간 붙잡아 보려 하지만
시간은 멈추어 주지 않는다

바라보는 세월은 아직 남아있는데
세월은 속절없이
어디로 가는지도 모른 채
꼬깃꼬깃 접혀있는 생각뿐이다

이 가을 지나 겨울이 오면
문풍지 떨림 소리도 크게 들려올 텐데
화롯불에 노릇노릇 구워진
너와 나의 이야기도
계속 익어가면 좋으련만
다시금 곱게 접어
가슴속에 넣어야 하는 아쉬움에 고개 떨군다

신의 축복이다

이른 아침 햇살 가득하니
눈부심도 좋고 향기도 가득하다
바람이 전해오는
어제 이야기를 하면서
또 하루를 시작한다

내가 있는 곳에서 바라보는
아름다운 가을 수채화
마음은 그 풍경 속에서
가을 냄새에 젖어간다

혼자만의 푸념 던지고
긴 호흡에 가을을 마신다
오늘 아침 햇살은
내일로 향해 가는 신의 축복이다

바람 끝에 묻어있는 쌀쌀함
주머니에 슬그머니 손을 넣고
생각을 만지작거리면서
또 하루를 살아가고 있다

가을바람에 옷깃을 여민다

청솔가지 끝에 걸려있는
이 가을은 아직도 푸른데
바람이 예사롭지 않게 불어온다

활활 타던 햇살도
이글거리는 마음도 내려놓았는데
산들바람 타고 먼 여행 떠나는 홀씨는
세상 미련도 없는 듯이 보인다

손안에 바람을 쥐고서
세월인 줄 알았으니
인생은 살아봐야
그 단맛과 쓴맛을 이야기할 수 있다

주머니 속에 넣어둔 욕심
조몰락거리다
가던 걸음 멈추고
그 모두 다 내어놓고 나니
마음도 가볍다

유월의 향기

잿빛 하늘이
가슴을 누른다

울렁거렸던 생각도 잠시 내려놓고
산새 소리 듣는다

초록이 점점 짙어가는
유월 풍경이 아름답다

여름 초입에 피는
접시꽃은 꽃말을 이어 가고

꽃술에 앉아 꿀을 먹는
나비가 달콤함에 취해 있다

살짝살짝 불어오는
바람이 전해주는 향기

눈 끝에서 변해가는
초록빛이 아름다운 계절이다

뒤돌아보는 풍경
- 청풍호에서

노을빛이 아름다운
나루터에서 바라보는 청풍호
하얀 윤슬 반짝이고
돛단배 타고 떠나왔던 소풍길
세월에 승차하여
쉼 없이 달려왔던 희로애락
서로가 찰나의 파노라마를 되돌려본다

도착해야 할 목적지는 같지만
각자 가는 길은 다르다
서로의 눈빛만 바라볼 뿐
안녕이란 그 말 한마디 다 못 하고
남은 변곡선을 그리고 간다
바라만 보아도 좋은 인연
청풍호 나룻배에 걸터앉아 안녕을 묻고
옛정을 나누는 반가운 얼굴
청풍호 노을빛에 담아둔
사진 속 모습들이
오늘 따라 정겹게 보인다

하얀 햇살에

매화꽃 향기 취해
시냇물에 누워있는
침묵의 하얀 산이
봄을 단장하고 있다
시냇물에 담긴 산
하얀 햇살에
겨울은 간 곳이 없다
바람 소리 귀 기울이니
들려오는 뻐꾸기 소리가
고요한 들을 깨워준다

그 모습이 보고 싶다

겨울이라
몸도 마음도 몹시 춥다
그 시절 생각하면
모든 것이 다 그립다
딱지 접고 구슬치기 하며
팽이 굴렁쇠 굴리고
함께 뛰놀았던
또래 모습이 보고 싶다

걸음걸음 이곳에 오고 보니
검은 머리는 하얀 백발이 되어 있고
함께 뛰놀았던
또래는 보이지 않는다
어디로 갔을까
기다려 볼까
오기나 할까
어둑어둑해지는 골목길
어제 만난 길동무와
정겹게 이야기하며 바라보고 있다

가을이 향기롭다

시월이 붉게 타고 있다
강 건너 노을빛에
세월은 검게 타버렸다

바라보는 풍경이 평화롭다
잎을 흔드는 바람과의 대화
들국화 향기로 생각을 녹이고
잠시 쉬어 가려 한다

바람에 뒹구는 낙엽 길 따라
시월이 가고 있다

비 오는 아침

보슬비 내리는 골목길
담장에 걸쳐있는 넝쿨장미
보슬비를 흠뻑 머금고 있다
붉은 자태를 한껏 뽐내면서
자연의 품에 푹 빠져 있다

잿빛 구름 사이에서
해가 장구 치고 나온다
보슬비가 내 가슴도
흠뻑 적셔주고 가니
참았던 숨통도 트인다
촉촉이 젖은 골목길 걸어간다

사랑이 꽃피는 달이다

꽃가지에 걸린
붉은 햇살에 들꽃이 핀다
길가에 눌러앉아
저마다 이쁨 뽐내고
지나가는 바람에
가슴이 출렁거려
바람에 춤을 춘다

푸른 오월이다
붉은 덩굴장미는
담장 타고 누워있다
신록이 푸르게 변해가니
사랑도 꽃이 피는 달이다

희망이 꽃피는 봄

봄이 말을 걸어왔다
속살속살 물오름달이라네
꽃가지 물오르고
긴 기다림에서 만나보는
꽃망울이 부풀어 터진다

내가 밟은 땅도 긴 숨 쉬고
땅기운 뻗쳐가니
푸른 세상으로 가는 길은 향기만 가득하다
마음도 푸른 물이 들어간다
벌렁벌렁 뛰는 가슴 안고
사계절 가는
완행 차표 끊어 놓고 보니
아랫도리가 휘청거리지만
구석구석 산천 구경 길 나선다

조금씩 잊혀 가는 골목길

산천초목에
춘기春氣 차오르니
나목이 소복을 벗는다
바람에
만물이 깨어나니
천지가 요동치고
간밤에 꾼 꿈은 길몽이라
고목도 꽃 살 오르고
잊고 살아왔던
동무가 마음을 전해왔다
그 시절 추억 묻은
내 동무가 생각 난다

목련은 벌써

내일은
하얀 목련이 필 것 같다
백옥같이 고운 여섯 장 꽃잎 주워
봄 길을 간다
사랑하는 사람
목련 꽃잎에 얼굴 가려주고
물 좋고 그늘 좋은
정자에 둘이 앉아
사랑 시 한 수 지어 속삭이다
빨개진 얼굴 보고 싶네

당신도 꽃이라네

삼월 속에는
피는 꽃향기뿐이라
마른 목은 향기로 축이고
향기에 취하면
꽃가지 그늘 밑에 앉아
당신 모습도 보고
살금살금 따라가다
꽃비가 내리면
꽃잎 주워
꽃길 걸어가야지

그곳으로

생각이 머무는
그곳에 가면
인생을 아름답게
꾸밀 수 있을 것 같아
생각이 머무는 그곳으로
발길 옮겨가니
이곳에서도
붉은 노을이 떨어지고
노을빛 속에 아름다운 인생 찾아
나 이곳에 왔는데

그 시절을 보면서

팔월 풍경이
지릅대에 엮여 빨갛게 타들어간다
이글거리는 붉은 태양 사이로
초록 바람이 가슴으로 불어온다

여름 하늘 바라보고
논밭 바라보시며
애태우시던 부모님
그 시절 모습도 생각이 나고
여름 밥상에 둘러앉아 있던
일곱 형제 모습들도 솜솜히 보여
나만의 추억으로 남아있다

* 지릅대: 대마의 껍질을 벗긴 속대

추억 찾아가는 길

젊음이 넘치고
옛 소리 들리는 듯한
그 여름 해변으로 가고 있다
그곳에 가면 두고 왔던
하얀 조개껍질 목걸이도
그 시절 젊음도
아직 모래밭에 남아있을까
푸른 꿈 꾸던 시절
까만 밤 백사장에 야외 전축 틀어놓고
물레방아 도는 인생 춤도 추고 있을까
다시 한번 만나보고 싶어지는 청춘이다
밤하늘에 반짝이는 은하수
겹겹이 밀려와 하얗게 부서지던 파도 소리
밤이 새는지 날이 가는지
갈매기 파도 소리 들어가며
물가에 쌓아 올렸던 그 모래성
함께 뛰놀다 뒹굴었던
그 시절이 지금도 생각 난다
마음은 옛 추억 찾아
그 바닷가로 가고 있다

사랑님도 꽃처럼 웃는다

처마 밑 고드름 속에서
봄꽃이 피고 있다
꽃샘바람이 불어와도
꽃잔치는 벌어지고
앞마당에 꽃들이 미를 뽐내고
내 아내 눈가에도 주름 꽃이 핀다
세월에 앉아 바라보는 인생
귓속에 담겨져 있는 옛 소리
그때 불렀던 노랫가락 읊어 보면서
불어오는 바람과 담소한다
바람에 흔들리며 피는 봄
홍매 산수유 목련
봄 뜰 마당에서 웃으려 하니
내 아내도 꽃처럼 해맑게 웃는다
아름다움에 취해
세월은 또 이렇게 흘러가고 있다
처마 끝에 고드름과 이별하니
봄은 사뿐히 곁에 다가온다

가을 풍경

푸른 하늘 흰 구름 떠가고
색색으로 변해가는
가을 풍경
고추잠자리 윙윙거리니
산야가 물들어간다

코스모스 꽃길 따라
정겹게 걸었던 길
세월은 지금 붉은 노을 앞에 와 있다

무지갯빛 동심
초롱초롱 빛났던 초록빛 눈망울
그 시절로 되돌아가고 싶다
가던 길 따라서 가야 하니
마음도 풍경에 조금씩 물이 들어가고 있다

겨울과 나누는 대화

만추를 지나오니
나뭇잎 떨어져
색동은 바람에 뒹굴고

나뭇가지 바람 소리
문풍지 떨림 소리
외로움이 울컥 밀려들어
문고리를 힘껏 당겨본다

동지섣달 밤이라
바람과 이어지는 대화
겨울 속을 헤매이다
두 눈 지그시 감고
하얀 바람 속을 바라본다

2부

통도사 108로

행자승 어깨 올려졌던 하루가
영축산 봉우리에 걸쳐지고
산 노을 내린 뜰은 홍매가 채운다

부처의 미소가 사시사철
꽃으로 피어있는 경내
세속 업장 짊어지고
마음 닦는 행자승 입가에서도
수행의 꽃이 핀다

저녁 예불 법고 소리
마음을 넉넉히 채워주니
가피 입은 중생 입가에서도
봄이 벙글고 있다

부처의 미소가 봄꽃이네

법문 향기와
금낭화 향기가 초롱초롱 달려 있는
서운암 봄 뜰에 올라가면
된장도 곰삭아 맛과 향을 빚어낸다
맑은 범종 소리
세속 찌든 업보 닦아내고
관세음보살 아미타불
법당에서 흘러나오는 목탁 소리
중생을 구제하니
세속에서도 꽃이 피고 꽃물은 온누리로 퍼져간다

이월 부는 바람에
동토가 녹아내리고
새싹이 움트는 입춘을 지나오니
서운암 된장 분꽃도 향기롭다

금낭화 황매화 조팝나무
꽃들은 꽃말을 이어가고
영축산 기슭 열일곱 암자
꽃 속에 묻혀가니

행자승 뒷모습도 이 봄의 꽃이요
꽃바람 부는 부처의 뜰에서 잠시 쉬었다 가니
이내 삶도 봄꽃이 핀 듯하다

문경 봉암사 가는 길

희양산 입구
봉암사로 들어가는 일주문 들어가면
청아한 계곡 물소리가 중생을 반겨준다
가을이 곱게 물들어가는
굽잇길 따라 오르면
천년 세월 비바람 견뎌내고
중생을 해탈시킨 마애석불과 만난다
사바세계 무욕의 깨달음과 해탈
손에 쥔 연꽃가지
맑은 계곡물로 향기 피웠으니
중생 업보 씻어 내는
문고리 없는 자연 법당이다
높고 푸른 가을 하늘
흰 구름 타고 가는 공활한
가을 허공에 울려 퍼지는 목탁 소리
듣는 귀 보는 눈 가득 채워주니
염불 소리에 마음을 되짚고
오색 바람 타고 속세로 향한다
계절의 변화를 보면서
계곡 물 길 따라

단풍잎도 돛대 달고 먼 여정 길 오르니
스님 모습도 가을 물이 들어
부처의 광배光背가 온누리로 퍼져간다

인생은 바람인가

가을 소리
마음에 담으려 귀를 살짝 열어놓고
묵언으로 산사 뜰을 거닐면
자장매화 향기가 마음을 채워준다
잉어의 티 없이 맑은 청량한 소리
중생의 귀를 쓰다듬는다

해거름 산사 풍경
댓돌 위에 가지런히 벗어놓은 스님 마음
고무신도 수행을 하고 있다
딛는 곳마다
나를 돌아보게 하는 깨달음의 도량이다
삶이 힘들고 지치면
선방 마루 끝에 내린 햇살 꽃을 깔고 앉아
기도하면
보이는 것도 들려오는 것도
툭 치고 지나가는 바람뿐일 것이다

노스님 허리춤에 걸려있는 노을빛

영축산 기슭 맑은 향기 찾아
이승 구름다리 건너 일주문 들어서면
속세를 잠시 벗어난다
천년고찰 통도사 경내
그윽한 향 내음에 번뇌도 사라진다
불이문 돌계단에서 바라보는
영축산 봉우리 흰 구름
해탈 경지에 머무르고

사리탑에 봉안된 진신사리 친견하고
금강계단 내려딛는 발끝이
구룡지에 다다르면
주황빛 잉어는 용이 되어 승천할 기상이다
노스님 허리춤에 걸려 따라가는
법당 앞마당 붉은 산노을
잡다한 생각 비우고 왔던 길 되짚고
이승에서 왔던 반월삼선교 건너
어스름한 무풍한솔길 솔향도 잔자누룩하다

서운암 그곳에 가면

법문 향기 짙은
푸른 하늘 사월의 뜰
처마 밑 맑은 풍경 소리에
가쁜 호흡 고르자니
들꽃 향기가 은근히 다가온다

절집 뜰에 피는 초롱꽃
어두운 마음에 등불 되니
일렬종대로 늘어선 앞마당 된장독도
햇살 한 줌에 곰삭는다

부처 곁에 다가가 좌선하니
무욕無欲의 연꽃도 문살에서 곱게 꽃이 피고
부처의 엷은 미소에 평안平安해지는 마음
비움의 넉넉함도 있다

서운암 뜨락 봄기운 완연하니
돌아서는 발길에 채는 푸른 향기
감로수 한 모금에 갈증 달래고
가벼워진 마음으로 세속을 바라본다

어떻게 금정산 기슭 여기에 왔소

보살님네야
이 첩첩산중 굽잇길 따라
누구를 찾아 어떻게
이곳까지 올라왔소
부처를 찾아왔소
여기는 바람과 구름
흘러가는 물소리 풍경 소리뿐인데
그대가 찾는 부처는 이곳에는 없소
마음을 비우고 보면
부처는 중생 가슴에 있을 것이요
깨닫고 나면 그대가 부처라네

잠시 앉아 바람을 안고 있으면
구름 위에 앉아있는 듯
두 눈을 감고 회상回想해 보면
어제 내 삶도 보일 것이요
깨달음 얻어 웃는 그 미소가
부처의 미소라
그대가 웃을 수 있으면
부처가 따로 없네!
이보시게 그대가 부처라니까

금강계단에 피는 꽃

일주문 안 사천왕 지나
금강계단 구룡지에 목 축이고 나면
추위 속에 곱게 피운 매화와 만난다

불이문 문고리에 입춘 햇살 걸렸으니
봄도 사뿐히 부처 곁에 좌선하고
매화꽃에 독경 소리 향기롭다

바람 끝은 아직도 시리지만
절집 담장 안 봄이 오는 소리
꽃망울 가지마다
불심 향기 터져 나온다

칠불사의 가을

아자방 가는 길 따라
오르고 오르다 보면
가을 잎 떨어지는 바람 소리에
마음을 주섬주섬 담는다
무작정 올라왔던
계단 앞에서
합장하고 고개 들어보면
속세의 작은 모습들도 보인다

바라춤 추는
나뭇잎의 춤사위도 한참을 보다 보면
내 안의 내가 춤을 추고 있는 듯하여
허허롭던 마음도 평화스럽다
가을 산사에서 또 다른 시선으로 나를 만나보니
편안한 모습으로 걷다가
처마 밑에 떨어진 노을을 주워가니
맑은 풍경 소리가 흘러가는
세월을 녹여준다

붓다에게 길을 묻는다

선방禪房 댓돌 위에
흰 고무신도
수행 중이다

처마 끝에 풍경 소리
세속 찌든 업보 떼어주는
청아하게 들려오는 잉어 숨소리

합장하는 중생 손끝에
마음을 올려 꽃을 피우니
참회의 향기가 난다

아미타불
깨달음 얻은 중생
붓다의 가르침을 받았으니

댓돌 위에 흰 고무신도
합장하는 미소도
깨달음에서 맑은 빛이 난다

가을비 속에

비 내리는 유리창에
가을 풍경 걸어놓고 보면
청순했던 그 모습이 보인다
똑똑 떨어지는
물방울 보석에 담긴 꿈 많았던
그 시절 고운 모습도 보이고
그리움에 가득 찬
두 눈 지그시 감을 때는
무언의 대화로 이어간다
얼쩡대던
그 모습도 솜솜히 떠오르고
유리창에 빗물은 소리 없이 흐른다
이 빗속에 홀로 남겨진
내 안에 나를 보면서
가을비 속을 걸어간다

바라보니 내 것이 없네

너는 누구인가
나는 누구였던가
어떻게 여기에 와있는가
내일은 어디로 갈 것인지
아무 말도 하지 마라
그냥 이 길로 걸어가라
가다 슬쩍 욕심도 훔쳐보지 마라
기억도 담지 말고 추억도 만들지 마라
잠시 스쳐 갈 뿐인데
본래 니 것도 내 것도 없다
뚜껑도 열어보지 마라
어떤 것이 가득 차 있든지
내 것이라 생각하면
그것 또한 욕심이다

곳간을 가득 채우면
마음도 변할 수 있다
적당히 채워서 가라
그러면 늘 웃을 일만 생길 것이요
가슴에는 향기만 가득할 것이다

중생이 가는 길에는 자비심만 있을지니
어두운 밤길도 대낮처럼 밝을 것이요
그냥 따라서 가다 보면
그곳이 곧 부처의 세계다

약속

기다리다
바라보는 약속 시간
외로이 찻집에 홀로 앉아
바람에 뒹굴고 가는
세월을 건드려본다
하얀 서리 위에 누워있는 침묵
차가운 숨소리만 연신 품어낸다
오래된 기억들이 다가와
찻잔을 기울인다
보고 싶다
아직도 가슴은
빨갛게 달아오른다
식은 줄로만 알았던
붉은 열정은
아직 그대로 남아있다
지난날 성숙한 너의 향기
가슴 한편에 넣어둔 것을
끄집어내어 보면서
생각에 잠긴다

꽃이 핀다

아직은 정월이라
꽁꽁 얼어붙은 땅속에서
봄의 전령은 언제쯤
꽃향기를 전해올까

정월 대보름날
달집이 동토를 녹여주니
기다렸던 봄소식이
대문 우체통에 꽂혀 왔다

꽃샘이 심술 부려도
매화가 숨을 쉬고
산수유 고목에도 꽃이 핀다

곧 목련이 만삭되고
개나리도
숨소리 들려오니
마음은 벌써 꽃구경 가고 있다

산을 걸어가면서

가을 산이 시를 쓴다
바람이 시어를 주고
텃새는 음률을 타고
햇볕은 잎새 사이로
빛을 넣어 준다

봄 여름 가을 겨울 산은
아름다운 여인이다
산을 만날 때는 항상 설레인다
언제 변심하여 토라질지 모르지만
말없이 품어주고 반겨준다

산길 타고 가다 보면
내일의 일상도 보이고
삶의 열정도 생겨난다
품어 내는 숨소리가
메아리로 퍼져간다
일상을 토해 내던
가슴도 잠시 쉬었다 가자 하니
인생길은 늘 산을 타고 가는 것과도 같다

반월 다리 건너는 마음

삼선 반월교
구름다리 건너갈 때
겨울이 녹는 청아한 맑은 소리가
아름답게 들려온다

봄이 찾아오니
자장 매화 향기는 공양으로 올려지고
신비스러운
꽃잎 향기가 중생을 깨운다

아장아장
반월 다리 건너오는 봄
선방에서 들려오는 경전 읽는 소리
구업을 걷어내는 광명의 빛줄기다

가슴을 치유하는 명상
감정을 다스리는 찬불가
부처의 미소가 해탈의 미소다

꽃구름 타고 가는 세월

산길 따라 걸음걸음 오르다 보면
부처와 만나고
세속 업보 바람에 훨훨 털어내고 나면
공허한 마음은 풍경 소리가 채워준다
흘러간 천년의 숨소리가 솜솜히
연둣빛으로 다가오는 고찰
범어사 깨달음의 도량이다
입가에는 웃음꽃이 피고
산사 담장 넘어 금정 뜰에 퍼져가는 예불 소리
합장하는 손끝에 마음이 좌선하니
경전 읽는 소리 귀에 담아 속가를 내려본다
부처의 향기가 금샘을 가득 채운다
스님 가사 자락이 솔바람에 너풀거리니
고당봉 산 그림자도 저녁 예불 시간 맞춰 내려오고
오는 산길에 금샘에서 목 축이니
보살 허리춤에 걸려 따라가는 붉은 산노을
꽃구름 타고 가는 무심한 세월
범어사 뜰도 어둑어둑 평화롭게 저물고 있다

어머니

손잡고 소풍 가자며
이 풍진세상에 불러주신 엄마
아장아장 걸었던
지난날 그 시절
고만고만했던 어린 남매들
보리죽 끓여주셨던
엄마가 보고 싶다
정성스럽게 싸주셨던
양은 도시락 속 꽁보리밥
된장에 절여두었던 무장아찌
엄마표 도시락 반찬
그런 세월을 어떻게 살아오셨는지
어머니 그립습니다
여기까지 오면서 바라보았던
그 시절 흔적도 점점 잊혀져 가는 이 나이
오늘도 그리워서 간간히 불러봅니다
어머니

마음도 외출을 한다

청명한 허공에
꽃샘바람 불어와

잔추위에 떨면서도
꽃들의 수다는 이어지고
눈 끝에서 피는
봄을 바라본다

앙상했던 풀숲에
새싹이 돋아나니
움츠렸던 마음도
화려한 외출을 한다

가을 풍경에 빠지다

나뭇가지 사이에 걸린
가을이 알록달록
만추로 익어간다

논배미 들에서는
참새 떼 이삭줍기 한창이고
허수아비 바람에 펄럭인다

붉은 저녁 노을
산무등 타고 서산을 넘는
가을 풍경에 빠져든다

모자의 세월

나 어릴 적
삽짝에서
날 부르시던 목소리

그 고운 목소리가
지금도 듣고 싶다
희미하게 들려오는 듯하여
엄마 하고 불러 보면
바람만 불어가는 것이 아쉽다

세월의 강 건너
먼 길 떠나가신 그 모습
보고픈 마음 담아 불러 봅니다

축담 밑에 핀 꽃

골목길 걷다 보니
통 바람이 불어 나온다
대문이 활짝 열려
삐거덕거리는 소리도 들려 나온다

대문 밖에서 보이는 안채 마루
고요함만 숨 쉴 뿐 기척이 없다
훤히 보이는 앞마당
축담 아래서 홀로 핀 접시꽃
출타出他한 주인은 아직 발기척도 없다
바람이 대신 소리 내어주지만
삐거덕거리는 대문 소리뿐이다

어둠이 나를 덮고 달이 떠도
주인은 오지 않는다
부서진 달빛이 묻어 수줍은 얼굴
기다림의 행복도 묻어 있다
달빛 내린 감나무 초록 잎도 바람에 흔들리고
푸른 달빛이 가슴을 파고드는 밤이다
아침 해가 뜨면 누가 찾아올까
접시꽃은 달빛을 담고 있다

또래는 어디로 갔을까

내 고향 개울가에도
노란 개나리꽃 피고
봄은 시작되고 있겠지

청보릿대 뽑아 불던
그 시절
겨우내 주린 배 움켜잡고
쑥쑥 커가는 보리밭 바라보시며
하루 세 끼 보리죽 끓여주시던
엄마가 보고 싶다

책 보따리 걸쳐 매고 굴렁쇠 굴리며
논두렁길 따라 뛰놀던 동심
그 동무는 어느 하늘 아래 살고 있을까
아직도 숨바꼭질하면서
보리밭에 꼭꼭 숨어있을까
살금살금 추억 속을 찾아간다

선택

인생을 알고 살아오면서
우리는 많은 선택을 하게 된다
후회 없는 선택
후회하는 선택
신중愼重을 기해 선택하는
인연법에서 만난다

내가 선택하는 순간
삶의 행복 순위도 정해지고
세상을 살아가면서
행하여지는 모든 것이
다 선택에서 시작되고 지워지면
쓸쓸한 뒷모습만 보게 된다

칠월의 향기

하얀 햇살이 좋다
차창 밖 초록 바람 불어오는
시원한 풀숲 길
입가에 번지는 미소
콧노래 흥얼흥얼
달콤한 맛과 쌉싸름한
맛이 어우러진
인생의 참 맛이
청포도처럼 익어간다

뜨거운 여름밤

뜨거운 여름밤
미물들의 합창에는 지휘자가 없다
넓은 뜰 반딧불 조명
특별히 초대된 부엉이 소리
미물들의 소리가
아름다운 밤이다
이 강산 자연의 소리다

여름밤도 점점 깊어만 가고
푸른 댓잎 부비는 소리가
새벽 단잠을 흔들어 깨운다
같이 놀던 반딧불은 간 곳이 없다
꿈에서 깨어나 보니
이른 아침 햇살이 뜨겁게 다가온다

꽃바람 불어오는 날

남풍이 불어오니
잎이 파릇
봄이 인사를 한다
흙냄새 쑥 향기
시냇물 길 따라서 봄이 온다
봄볕 내리는 언덕에도
꽃바람 불어오고
꽃씨 하나 심어놓고
꽃이 피면
사랑을 만들어
꽃향기 가득 담아
둘이서 마시고
들 길가에 새순 뜯어
봄국 끓이는
그 마음이 벌써 나를 설레게 한다

뒤돌아본 세월

가을이 곱게 누워있다
갈색 숲에서 핀 들국화가 향기롭다
봄과 여름 가을 지나가는
오만 가지 색이다

사계를 지나가는
마지막 굽잇길에서 만나보는
하얀 눈꽃사람
내일은 흰 얼음 속에서
붉게 핀 산다화山茶花도 만나 볼 것이다

성에 낀 창가에 홀로 앉아 찻잔을 기울이고
사잇길 따라 번져오는
초겨울 정취에 휩싸여
모두가 다 지나가 버린 자리
낙엽만이 바람에 뒹굴고 있다

그것이 현실이다

인생을 살아보니
바라는 대로 보는 대로
살아가기는 정말 힘이 들었다
가고자 하는 목적지에 도착할 때까지는
무한한 인내와 긍정의 힘이 필요하고
평범한 소망이 이루어지려면
간절함도 있어야 한다

작은 꿈 조각들이 모여
현실로 이어지고
다 풀지 못한 정답은
애써 찾으려 하지 마라
또 다시 맞추려고도 하지 마라
옷고름 휘날리듯 가벼이 가라
그것이 현실이다

세월

겨울 길 가다
햇볕이 따사로워
가던 걸음 멈춰 서서
멍하게 바라본 세상
가슴으로 안아본다

쌉싸름한 입맛이라
꽃잎 속에서
꿀을 따고 싶지만
황혼의 세월이라
모두가 하나하나
우리 곁을 떠나가고 있다

벌써

겨울에서 온 봄은 손님처럼 왔다가
바람 따라 떠나간다
그 바람에 기대고 가면
태양은 점점 뜨겁게 달아올라
계절은 또 아름답게 익어간다

꽃바람이 가슴으로 스며들 때면
어제보다도
오늘이 더 아름다운 것 같아
연둣빛 향기로 여백을 채운다

당신은 봄을 기다렸고
나는 당신을 기다렸지만
해 질 녘 그늘진 자리에는
텅 빈 바람 소리뿐이다

엄마의 남새밭 반찬가게

칠월 먹거리 파는
남새밭 채소가게
보랏빛 가지 조선호박 상추
부추 쑥갓 쪽파 오이
풋고추가 익어 붉은 고추 되고
조선호박은 늘 꽃을 피운다
산들바람 먹고 자라나는
남새밭 반찬가게 풍경이다
아름다운 칠월은 이렇게 익어가고
밭주인 엄마는 멀리 마실 가셨다
색도 맛도 좋은 채소가
식탁에 올라오는
엄마의 밥상 차림은 항상 풍성했는데
지금도 그 밥상이 그립다

달과 잎

가을 달빛 그림자 밟고 보니
색의 향연이 시작되고 있다
가을 향 짙게 바르고
쌉쌀한 맛도 지니고
고왔던 잎 바람에 떨어지면
자연으로 돌아가는 섭리도 알고 있다
가을 속에서 바라보는
이 모습 저 모습은 절정에 달해 가고
달빛에 바라보는
모습이 아름답다

꽃 피운다

가을비 내리던
구름 사이로
햇살 꽃 피고

알록달록
영롱한 햇살이
창문으로 들어와
이마를 간질이니
부드러움에 취해
눈꺼풀을 내린다

겨울로 가는
여정에서
마음에 꽃을 피운다

세월은

세월의 기억 더미 속에서
빛바랜 과거를 펼쳐본다
망각하고 살아왔던
젊음에 휘청거리며 소리쳤던 날들
노을에 물들어 가는
이야기로 여백을 차곡히 채워간다

욕심에 움켜쥐고 살았던
너와 나의 젊은 날
다 놓고 가야 하는 소풍 길
비우면서 가는 그 삶의 빛이 곱다
나뭇가지에 걸려있는 하얀 바람 소리
모두를 잠들게 하니
저 꽃가지는 흔들리면서
꽃을 또 피운다
세월은 그렇게 흘러가고 있다

텅 빈 마음

멍하니
내 안에 너를 바라볼 때
너에 대한 기억도 너풀거리고
어디서 본 듯한 형상들이
자꾸만 생각이 나게 한다

생각의 늪에 빠져들 때면
최면을 걸어온다

영영 지워야 할 형상들
삶의 희망이 어둠 속에서
너풀거리며 다가온다

강변을 거닐다

강가에 늘어진
수양버들 가지
파릇파릇 흔들거리는
연둣빛이 아름답다

보도블록 틈새
홀로 핀 민들레
하늘빛 바라보는 생각
나목가지 물오름 소리
봄바람에 만물이 속살거린다

강변을 거닐다
벤치에 앉아 마시는
봄 향기가 싱그럽다
멍하니 바라보는
이 세상 모두가 아름답다

별별 수다 소리

사월에 피어오르는 아지랑이
소박한 들꽃들의 이야기
꿀벌들의 날갯짓이 시작되고
꽃나비도 나들이가 시작된다

꿀벌들은 꽃술과 입맞춤하고
꽃가지에 앉아 달콤함에 흠뻑 취하니
논두렁 타고 허리 굽혀
봄을 캐던 치맛자락도
꽃나비가 춤을 추듯 들바람에 나풀거린다

코끝에 묻어오는 흙냄새
논배미 곳곳에서 깨어나는 별별 소리
맑은 시냇물에 얼굴 다듬다 보면
하늘이 머리 위로 내려와 동심을 깨우니
헛헛한 마음은 봄으로 채워진다

계절 속에서

오월 푸른 하늘은
감성의 창고다
각양각색 풀꽃이
들바람에 한껏 부풀어 올라 터지니
나뭇잎도 초록으로
한껏 치장한다
이 계절 속에서
내 모습을 바라본다
초록 곁에 서 있는
오늘 모습이 좋다
어제 걸어왔던 길
다시 돌아갈 수만 있다면
오늘은 붙잡아두고 싶다

호박꽃

호박꽃 피는 팔월 향기 따라
노랑나비 꽃잎 위에 앉은
시골 풍경이 정겹게 느껴진다

호박 줄기 담부랑 타고
햇살 쫓아가며
꽃대 밑에 열린 풋호박은
따가운 볕살에 익어간다

호박잎 마디에 핀 꽃잎
나비도 부르고 벌도 불러
달달함을 나눈다
이 담 저 담 훨훨 춤을 추며 날아간다

색동 바람 불어오니

여름길 따라오니
들녘 저편에서
가을이 물들어 오고 있다

뜸북새 놀던 자리
붉은 햇살
붉게 저물어 가고

청솔가지에 걸쳐진 하루
산 그림자 뒤에 숨는다

쫄쫄거리는 물꼬 소리
조용한 들녘 뻐꾸기 소리
색동 바람에 알곡이 익어간다

이어지는 꽃말

삼월이라
살랑살랑 불어오는
봄바람에 아지랑이 피고

긴 겨울잠에서 깨어난
벌들은 꽃잎 찾아 날고
인생도 보석 같은 행복 찾아
끝없이 이어지는
자기만의 곡선 그리고 간다

삼월에 묻어오는 향기
가만히 쳐다보던
생각도 덜렁거린다

입술에 꽃잎 얹어놓고
바라보는 향기에 취해
흔들거리는 마음은
봄을 즐기고 있다

마음에 꽃씨를 심고

봄 뜰 안에서
앙증스러운 꽃을 피우니
가던 걸음을 멈추게 한다
꽃가지에 기대니
새싹 향기가
육신을 편안하게 해 준다
연둣빛 햇살이 허했던
마음에 생기 넣어주니
봄 뜰에 앉아
춘몽을 꾼 듯하다
꽃바람 타고 온 벗과도 만났으니
찻잔 속에 핀 갈색 꽃 향기가
지금은 곱게 느껴진다

4부

오월의 바람 소리

봄은
오월에 왔는데
저마다 꽃잎은
아직도 자태를 뽐낸다
떠나보내지 못해 붙들고 바라보니
꽃잎 떨어진 자리
물오른 가지에 잎은 짙어가고
초록 잎 향기에 취하니
아직도 청춘인 듯하다

잎은 푸르다 해도

파랬던
한 세월 품고 오면서
풀었다 싸맸다

그 세월 읽고 쓰고 오다 보니
잎은 푸르다 하나
둥치는 늙었다 하네

싱싱했던 줄기도
이렇게 변해왔으니
내일은 화석으로 남아지겠네

당신은 누구요

우물 속에 비친
푸른 하늘 구름 속에 웃는
이 얼굴은 누구일까
한참을 생각하다
지난 기억을 더듬어 나간다

따뜻한 양지바른 곳에 앉아
살아왔던 지난 세월 이야기
천천히 나누고 가도 되련만
훈황曛黃에 바라보는
그 모습이 참 좋다

어둠이 내리고 처마 끝에 걸쳐진
달그림자 따라가는 뒷모습 보며
우물 속에 비친 얼굴
지금도 누구인지 알 수가 없네

푸른 언덕

내 고향 푸른 언덕 올라가 보니
함께 뛰놀았던
옛 동무 간 곳 없고
소나무 그림자와
옛 바람 소리만이
나를 반겨준다

뒷동산 밤나무 늙은 가지에
꽃대 늘어지고 향기 주렁주렁
꽃그늘 아래 앉아 양 손가락 꼽아보니
나도 모르게 여기까지 와 있다

바람에 흩날리는 구름
세월은 왜 그렇게 바삐 왔던지
아쉽지만 마음만 남겨두고 가벼이 가야겠네

해 질 무렵

논두렁 베고 누운
가을 햇살은 쓸쓸함이 있다
그래도 휑한 모습은 아름답다

논두렁 타고 가는 산 그림자
어둑어둑 해 질 녘
또 하루가 저물고 있다

혼자서 바라보는
그림자는 망부석 되고
노을빛 뒤에 숨는 쓸쓸한 들녘
산 그림자가 살며시 덮고 간다

푸른 오월

봄은 아직
그곳에 있는데
나는 오월을 가고 있다
꽃은 지금도 피고 지고 있는데
미련인가 욕심인가
떠나보내지 못해
바라만 보고 있다

꽃잎 떨어진 자리는
신록이 짙어가고
초록 잎 향기에 취해가니
푸른 오월 청춘 같다

봄날에 보면

햇살 끝에는
겨울이 녹아내리고
들녘에는 새싹이 고개 내밀고
연겨자색 새싹들이
푸른 희망의 향기를 뿌린다
아지랑이 피는 언덕배기는
바람도 따뜻하다

노천에 매화도 몽우리 터질 듯
달이 뜨면 꿈을 꾸고 봄 향기 탐할까
꽃 몽우리 트는 소리 들려오니
꽁꽁 언 가슴도 사르르 빗장 풀고
꽃잎 바라보던 눈에서는
어제만 있을 줄 알았는데
엄동설한에도 볕살 들고 보니
가는 길 모두가 봄 길이네

마음의 고향

고향 가는 길을 나서면
마음이 설레인다
마을 어귀 들어설 때
그 누구 아는 사람 없어도
낯설지 않은 포근함은
어머니 품속 같다

아담한 시골 마을
산천은 그때 그대로인데
인심과 말투가 달라져
삭막하기 그지없고
고향 찾은 마음이 낯설어
사방을 둘러보고 또 둘러본다

골 안 논밭에 서 있던 허수아비
됫병 들고 여치 메뚜기 잡고 놀던
가을 기억 더듬다
동네 안을 기웃거려보니
어렴풋이 떠오르는 옛 생각
골목길 따라 뛰어놀고 있다

호박소에서
― 밀양 얼음골

백운산 자락 바람 소리
백호 소리 들려오는 듯하니
계곡의 맑은 물소리도 청량하다
바위산 자락 타고 오는 산바람
저 산모퉁이 돌고 돌아
타오르던 열정은 백호를 휘어잡는다

미끄러지듯이 쭉 뻗은
백옥 같은 화강석 계곡물에
여름을 씻고 있는 하늘 구름
산새들 지저귐에 사방을 둘러본다
벌써 여름은 갈색 잎이 되어가고
얼음골 찬바람에 남은 더위 식히고 있다

사랑의 향기

불어오는 바람 소리에
가슴이 설레어
생각을 활짝 열고
초록 향기 뿌린다

내가 살던 꽃동네
쉼터에서 바라보니
모두가 아름다웠네

흰 구름 자유로이 떠가는
나 그곳으로 돌아가
둘이서 나물도 캐고
들판에 주저앉아
꽃님과 도란도란 이야기꽃을 피우며
노을 길 걷고 싶어라

저게 누구일까

오늘 아침
무심코 들여다본 거울 속에서
낯선 이가 나를 보고 웃고 있다
누구요? 하고 물었더니
입만 벙긋거린다
어디서 자주 본 듯한 낯익은 얼굴이다
전혀 낯설지가 않은 얼굴인데 누구일까
한참을 바라보니
머리는 하얀 치자 꽃이 피어있고
얼굴은 인생 때가 묻어 있었다
점점 풀어져 가는 얼굴 근육도
아 어제 그는 어디로 갔을까
저 사람은 또 누구일까
봄이 가면 또 봄은 오고
꽃은 지면 다시 꽃이 피는데
청춘의 꽃은 다시 피울 수가 없네

새벽 달빛을 보면서
– 친구를 보내면서

이보시게
해는 아직 서산마루에 걸려있는데
왜 벌써 가려고 일어서시는가
아직도 할 일이 많이 남아 있다 하지 않았던가
저 일 다 두고 그냥 홀연히 떠나가면
남아있는 가족은 어떡하겠나
자식과 벗에게 섭섭함이라도 있었던가

소롯이 다 두고 간다고 하니 섭섭하구만
꿈속을 살다 가니 가져갈 게 뭐 있었겠나
올 때 빈손으로 왔으니
빈손으로 떠나는 자네
나눔을 하려고 주머니에 손도 넣어 보아도
그 무엇 하나도 줄 수도 없는 빈손뿐이었겠지

무명 옷자락 휘날리며
바람길 따라 떠나는 자네
가는 길 여름 풀꽃 향기는 괜찮은가
이승의 미련일랑 다 털고 가시게
오늘 날씨는 청명하네

매미 소리도 좋고 풀국새 소리도 좋으니
미움도 미련도 다 거둬서 꽃길 따라 잘 가시게
하늘 창문 열고 이승 마지막 구경하면서
다시 이 땅에 태어날 환생을 꿈꾸시고
이보시게 부디 잘 가시게

가을아 놀자

시냇물에 풍덩풍덩
여름 타고 놀다
가을이 물들어가는
높고 푸른 하늘을 바라본다

한 폭의 수채화가
냇물에 그려지고
물속에서도
가을 냄새가 풍겨와
바람이 만들어낸
서정적인 작품이다

여름이 가을 뒤에 숨고 있다
고추밭고랑에 붉은 고추 주렁주렁
가을이 빨갛게 익어
시골 아름다움을 덧칠하고 있다

봄 오는 소리

청명한 하늘빛에 꽃비 내리고
입속에서는 하얀 비늘이 반짝인다

잔추위에 바들바들 떨면서도
꽃들의 수다는 이어져가고
바라보는 눈 끝으로 다가오는
꽃송이가 좋다

텅 비어있던
뜰에서 연둣빛 비치니
세상 모두가 아름답게 변해 간다

입춘 엽서

남풍이 불어와
가슴이 설레이고
꽃가지로 땅기운 뻗치니
꽃망울이 부풀어 터진다

산고의 아름다움이
꽃으로 피어나고
봄바람 소리 희망의 소리
고운 향기 내어 주는
나는 이 봄이 좋아라

계절 길목

흰 눈이 녹는 바람에
새순이 파르르 떨고 있다
가슴을 열어놓고
지천으로 퍼지는
향기를 주섬주섬 주워 담는다
손님처럼 곁에 왔다
눈 끝에서 잠시 놀다
아무런 말도 없이
휑하니 봄은 가버렸다

바람 따라 가니

초록 잎이
바람에 춤을 춘다

초록 줄기는
점점 성숙해 가고

나뭇잎 뒷모습이
은빛으로 반짝인다

바람에 흔들릴 때는
그 빛이 아름답다

잎사귀가 만들어 주는
초록 그늘막에서 쉬었다 가련다

발만 동동 구르고 가고 있다

이보시게
어디로 가시기에
걸음걸이가 왜 그렇게 빠르신가
어제 놀다 온 자리에
초록빛 사진 한 장 두고 왔는데
아직도 그 자리에 있나 싶어
찾으려고 황급히 가고 있다네
찾아서 무엇에 쓰려고
가져다 보면 얼굴과 몸이 다를 것인데
생각 없이 가다 보니
그런 생각도 못 하였네
글쎄 그곳에 그냥
그대로 있을지도 모르지만
부모님이 주신 아주 귀한 것이라
깜빡 잊고 와서 보니
담아뒀던 초롱초롱했던 눈빛도
그 모두가 소중한 것뿐이라
큰일이네 하면서
발만 동동 구르고 가고 있다네

칠월이다

푸른 잎 우거진 길을 따라
오색 꽃동네를 찾아간다
내가 뛰놀았던 길 따라가 보니
그때와는 사뭇 다른 풍경이다
아련한 추억 묻은 얼굴도 보이고
모두가 초록 속에 숨어있다
바람에 살랑거리는 녹색 향기는
천 리를 갈 것 같고
계절은 쉼 없이 빠르게 구름처럼 흘러간다
빡빡머리 그 또래가 보이지 않아
사방을 돌아본다
시냇물 흐르는 소리
풍덩풍덩 나뭇잎 타고 물놀이할 때
그 옛 바람 소리 들려오는 듯하고
왕매미 보리매미 잠자리
여름 풍경이 눈앞에 보이는 듯하다
지쳐가던 마음도 평화로워지고
초록 속에 붉은 노을이 아무리 진해도
초록은 초록이라 몸은 늙어가도
마음은 푸르고 푸르게 물들어가니

생각은 지금도 청춘이라 말을 하고 싶다
굽은 소나무 옆에서
내일을 바라볼 수 있는 지금이 좋다

나밖에 없어

네가 있음에 내가 있고
내가 있음에 네가 있다네
오늘 바라보니
나밖에 없고
무언의 대화를 한다
나무랄까 탓해 볼까
누구의 탓도 아니다
보고 두고 가려고 하니
가슴이 철렁거린다
가야 하는 길이 서로가 다르다면
어쩔 도리가 없다
하얀 여백만 사이에 남겨두고 간다

지금은

양팔 흔들고
씩씩하게 걸어와
망팔望八쉼터에 걸터앉아
또 다른 모습에 놀랜다

세월의 강가에서 나를 바라보니
나도 모르게 여기까지 와 있다

빗장을 풀고 나니
푸른 시절도 보이고
왜 그렇게 왔을까도 싶다

웃지도 울지도 못하고 왔던
지나가 버린 그 시절
마음을 내려놓고 보니
오손도손 나눌 수 있는
울타리가 있어
지금은 웃을 수 있어 좋다

바람에 피는 봄

꽃바람 불어오니
잿빛 가지도
하루가 다르게
눈 끝을 시리게 한다

바라보던 갈색 풀숲
연둣빛 새싹 돋아나니
오고가는 발길에서 꽃이 핀다

바람 속에서 피고 지는
새봄 이야기는 꽃잎이 채워가고
바라보던 생각도 벌 나비가 된다

솜이 꿈

솜이가 하얀 도화지에
봄꽃을 그렸다
손끝에서 피워낸
꿈속 풍경이다

티 없이 맑은 웃음소리
해맑은 미소
무지갯빛으로 그려 내는
요술 크레파스

꿈을 그리는
흰 뭉게구름
상상의 세계로 떠나는
너의 꿈 마음껏 펼쳐 가려무나

가을 길

가을 들녘 바라보는
마음이 넉넉하고
맑은 하늘 바라보며
오색골에서 웃는다

붉은 단풍 우표 붙여
실바람에 띄우노니
그곳에는 누가 있어 받아줄까
낙엽 밟는 걸음걸음
코스모스 향기가 좋구나

봄 그리고

봄살 오르는
꽃가지 사이로
실바람 불어오니
하얀 겨울 떨어지고
깨어나는 계절에 앉아
춘곤증에 껌벅인다

하얀 뭉게구름 따라왔던 길
훅 하고 지나가버린 날들
바람에 흔들리는 초록 잎
겨울 끝에 피는
저 아름다움을 바라본다

아침의 링거 심헌수 두 번째 시집

2024년 11월 20일 인쇄
2024년 11월 22일 발행

지 은 이 ｜ 심헌수
펴 낸 이 ｜ 이병우
펴 낸 곳 ｜ 육일문화사
주   소 ｜ 부산시 중구 복병산길6번길 11
전   화 ｜ (051)441-5164
이 메 일 ｜ book61@hanmail.net
출판등록 ｜ 제1989-000002호

ISBN 979-11-91268-68-3 03810

값 10,000원

* 잘못된 책은 바꿔드립니다.
* 이 책의 판권은 저자에게 있습니다.
* 서면에 의한 저자의 허락 없이 내용의 일부를 인용하거나
  발췌하는 것을 금합니다.

본 도서는 2024년 부산광역시, 부산문화재단 <부산문화예술지원사업>으로
지원을 받았습니다.